AF454204

ODE

SUR

LES ÉTATS-GÉNÉRAUX.

PAR M. GINGUENÉ.

A PARIS,

DE L'IMPRIMERIE DE MONSIEUR.

M. DCC. LXXXIX.

ODE

SUR

LES ÉTATS-GÉNÉRAUX.

—

Lyre de Pindare et d'Alcée,
Des Héros noble volupté,
Tu languis, muette et glacée,
Au fond d'un envieux Léthé !
Seul, dans ses veilles poétiques,
Le Brun sur tes cordes antiques
Module ses doctes Chansons :
Mais dans nos jours pusillanimes,
Est-il encor des cœurs sublimes,
Dignes d'applaudir à tes sons ?

Ils veulent de ton harmonie
Éteindre les brûlans accords :
Ils veulent au libre Génie
Oter sa fougue et ses transports !
Ils disent à l'Aigle rapide :
Avilis ton œil intrépide,
Fixé sur l'Astre radieux ;
Ne vas plus au sein des nuages,
Te jouer parmi les orages,
Et porter la foudre des Dieux !

Quand sur les vainqueurs d'Olympie,
Planoit le Cygne de Dircé,
Peut-être à quelque oreille impie
Son chant parut-il insensé.
S'il n'eût méprisé leurs murmures,
Qu'importoit aux races futures,
Pise, ses chars et ses coursiers ?
Rois de Catane et d'Agrigente,
Par lui votre Olive indigente,
Se change en immortels Lauriers.

Par lui, sous un mont qui l'accable,
Sous d'inaccessibles Volcans,
Gémit la fureur implacable,
Du plus horrible des Titans.
De sa poitrine hérissée,
La cendre et la flamme élancée,
La nuit, embrase au loin les airs,
Quand le Monstre au fond de ce gouffre,
Sur un lit de rocs et de soufre,
Retourne ses flancs entr'ouverts.

O Lyre, des temps Souveraine !
Si tu revivois sous mes doigts,
Jusqu'en sa prison souterraine,
Je ferois entendre ma voix.
Au son de ma voix menaçante,
Bouillonneroit de lave ardente,
L'Etna par Vulcain dévasté :
Je livrerois à sa furie
Tout ennemi de la Patrie,
De la Paix, de l'Égalité.

Dᴇs mortels auguste apanage,
Égalité, fille des Dieux!
Le Despotisme et l'Esclavage
Te reléguèrent dans les cieux.
Reviens, adorable Immortelle;
Un Roi bienfaisant te rappelle :
Des Lys relève la splendeur.
Dis à l'Orgueil, à l'Egoïsme,
Qu'un généreux Patriotisme
Est la véritable Grandeur.

Vous qui portez l'humble prière
Jusqu'au Trône de l'Éternel !
Vous à qui la vertu guerrière,
Transmit un éclat immortel !
Gardez ces nobles priviléges;
Mais quittez des droits sacriléges,
Nés sous des règnes oppresseurs :
A ce Peuple qui vous contemple,
Donnez un magnanime exemple;
Méritez enfin vos honneurs !

Laissez la Noblesse vénale,
Fille récente de Plutus,
Défendre cet or, qu'elle étale
Au lieu de Gloire et de Vertus.
Mais vous, favoris de la Gloire !
Mais vous, enfans de la Victoire !
De cet or détournez les yeux.
C'est par le fer, par la vaillance,
Par leur sang, vengeur de la France,
Que s'ennoblirent vos aïeux.

Sous des enseignes belliqueuses,
Ralliant leurs vassaux épars,
Quand de leurs tours impérieuses,
Ils voloient aux dangers de Mars,
Affranchis des impôts vulgaires,
Leurs biens, noblement tributaires,
S'honoroient d'un impôt guerrier :
Aussi généreux qu'intrépides,
Des Soldats étoient leurs Subsides ;
Leur unique prix, un Laurier.

Aujourd'hui, Cybèle et Neptune
Vous offrent d'autres prix encor :
Mars est amant de la Fortune ;
Ses palmes ont des rameaux d'or.
Aujourd'hui la Paix elle-même,
Fait payer cher au Diadême
Le faste indolent qui vous suit ;
Un Peuple innombrable et docile,
Cultive un champ, pour lui stérile,
Dont vous recueillez tout le fruit.

Cessent enfin sur nos rivages,
Ces intolérables abus !
Pliez vos superbes courages
A de volontaires tributs !
Que dans votre Ame libre et fière,
Le vœu de la Patrie entière,
Du vil Intérêt soit vainqueur !
De votre Roi suivez les traces :
Louis immole à nos disgraces,
Un luxe, étranger à son cœur.

O Louis ! ô Roi populaire !
François ! tombez à ses genoux !
Il brise le Sceptre arbitraire :
Il ne règne plus que pour vous.
Son nom, surpris par la Vengeance,
Ne livrera plus l'Innocence
Aux fers, dont s'indignoit Thémis.
La Loi punira tous les crimes :
La Loi seule aura des victimes ;
Louis ne veut que des amis.

Il veut que l'active Pensée,
Des Etats flambeau créateur,
D'un joug honteux débarrassée,
Des cieux atteigne la hauteur.
Au fond de sa coupable enceinte,
Un Tyran que poursuit la crainte,
Fuit une importune clarté :
Louis invoque la lumière :
Il ouvre une avide paupière
Aux rayons de la Vérité.

Odieuse et funeste armée,
Du Fisc affreuse légion,
Dont l'ardeur, de gain affamée,
A dévoré la Nation !
Qu'un tribut équitable, unique,
Garant de la Dette publique,
En de purs canaux soit versé !
Disparoissez ; et dans l'histoire,
Périsse jusqu'à la mémoire
De votre pouvoir insensé !

Quels feux s'échappent du Ténare ?
Noirs complots ! coupables excès !
François ! quoi ! votre main barbare
S'est baignée au sang des François !
Dieux ! quelles fureurs vous animent !
O des Tyrans qui vous oppriment,
Instrumens aveugles et sourds !
Flots mouvans, qu'agite et qu'entraîne
Le souffle lointain de la Haîne,
Et le vent orageux des Cours !

Qu'au nom d'un Bienfaiteur suprême,
Se taise l'Intérêt jaloux !
Autour de ce Roi qui vous aime,
Heureux François, rassemblez-vous ;
Depuis les rives fortunées,
Qui des Alpes aux Pyrénées,
Dominent sur les flots amers,
Jusques aux bords, où ma Patrie*   * La Bretagne.
Se joint à l'antique Neustrie,
Pour commander à d'autres mers !

Venez au Soc patriotique
Unir le Glaive et l'Encensoir,
Et former un Pouvoir unique
Des nœuds de ce triple Pouvoir !
Nation long-temps asservie !
Reprends la liberté, la vie,
Dans tes Comices solemnels !
Qu'aux yeux de l'Europe étonnée,
Repose enfin ta Destinée,
Sur des fondemens éternels !

Des Tyrans, des Conseils sinistres,

Ont trop enchaîné l'univers :

Un bon Roi, de sages Ministres,

O France, vont briser tes fers !

A leurs vœux serois-tu rebelle ?

Non : viens respirer sous leur aîle

Et que, défenseur de tes droits,

Après ces tempêtes horribles,

Vogue enfin sur des eaux paisibles,

Le Cygne * du Lac Génevois !

---

* Allusion aux armes de M. NECKER, qui portent un Cygne.